Meine Motorradtouren

MOTORRAD TOURENBUCH

Meine Daten

Name

....

Adresse

....

....

....

Telefon / Mobil

....

E-Mail-Adresse

....

Sonstige Informationen

....

....

....

Mein Motorrad

Marke ....

Modell ....

Rahmennummer ....

Gewicht ....

Hubraum ....

Nennleistung ....

Max. Drehmoment ....

Getriebe ....

Reifen vorne ....

Reifen hinten ....

Radstand ....

Tankvolumen ....

....

....

Sonstige Informationen

....

....

....

Checkliste

Ausrüstung

- ☐ Personalausweis
- ☐ Führerschein
- ☐ Fahrzeugschein
- ☐ Krankenversicherungskarte
- ☐ Rucksack | Motorradtasche
- ☐ Erste-Hilfe-Set
- ☐ Smartphone
- ☐ Karten | Navigationsgerät
- ☐ Bargeld | EC-Karte
- ☐ Kamera
- ☐ Tourenbuch
- ☐ Multitool
- ☐ ....
- ☐ ....
- ☐ ....
- ☐ ....
- ☐ ....
- ☐ ....
- ☐ ....
- ☐ ....

Bekleidung

- ☐ Shirt (Lang- | Kurzarm)
- ☐ Motorradhose
- ☐ Motorradjacke
- ☐ Motorradschuhe
- ☐ Motorradhandschuhe
- ☐ Regenkombi
- ☐ Funktionsunterwäsche
- ☐ Helm
- ☐ Halswärmer | Sturmhaube
- ☐ Nierengurt
- ☐ ....
- ☐ ....

Verpflegung

- ☐ Wasser | Tee
- ☐ Snacks
- ☐ Obst
- ☐ ....
- ☐ ....
- ☐ ....

Checkliste

Notizen

....

....

....

....

....

....

....

....

....

....

....

....

....

....

....

Tourenverzeichnis

Tour 1 ....

Tour 2 ....

Tour 3 ....

Tour 4 ....

Tour 5 ....

Tour 6 ....

Tour 7 ....

Tour 8 ....

Tour 9 ....

Tour 10 ....

Tour 11 ....

Tour 12 ....

Tour 13 ....

Tour 14 ....

Tour 15 ....

Tour 16 ....

Tour 17 ....

Tour 18 ....

Tour 19 ....

Tour 20 ....

Tour 21 ....

Tour 22 ....

Tourenverzeichnis

Tour | Ziel ....

Datum .... **Fahrzeit** ....

Gesamtdauer .... **Pausenzeit** ....

Startpunkt ....

Zielpunkt ....

Distanz .... **Getankte Liter** ....

Begleiter ....

....

....

Wetter

☀ ⛅ ☁ 🌥 🌧 🌨 | °C

○   ○   ○   ○   ○   ○   ....

Etappen | Wegbeschreibung

Rast | Spannende Stopps | Unterkunft

Bewertung

Schwierigkeit   **Spaßfaktor**

☆ ☆ ☆ ☆ ☆   ☆ ☆ ☆ ☆ ☆

Gesamt

☆ ☆ ☆ ☆ ☆

Landschaft   **Verkehr**

☆ ☆ ☆ ☆ ☆   ☆ ☆ ☆ ☆ ☆

••

••

••

••

••

••

Notizen

Tour 2 — Tour | Ziel

....

Datum	**Fahrzeit** ....
Gesamtdauer	**Pausenzeit** ....

Startpunkt ....

Zielpunkt ....

Distanz	**Getankte Liter** ....

Begleiter ....

....

....

Wetter

☀ ⛅ ☁ ☁ 🌧 ❄ 🌡°C

○ ○ ○ ○ ○ ○ .....

Etappen | Wegbeschreibung

Rast | Spannende Stopps | Unterkunft

Bewertung

Schwierigkeit
☆ ☆ ☆ ☆ ☆

Spaßfaktor
☆ ☆ ☆ ☆ ☆

Landschaft
☆ ☆ ☆ ☆ ☆

Verkehr
☆ ☆ ☆ ☆ ☆

Gesamt
☆ ☆ ☆ ☆ ☆

••

••

••

••

••

••

Notizen

Tour | Ziel ....

Datum .... **Fahrzeit** ....

Gesamtdauer .... **Pausenzeit** ....

Startpunkt ....

Zielpunkt ....

Distanz .... **Getankte Liter** ....

Begleiter .... **Wetter**

....

....

°C

○   ○   ○   ○   ○   ○   .....

Etappen | Wegbeschreibung

Rast | Spannende Stopps | Unterkunft

Bewertung

Schwierigkeit   Spaßfaktor

☆ ☆ ☆ ☆ ☆   ☆ ☆ ☆ ☆ ☆

Landschaft   Verkehr

☆ ☆ ☆ ☆ ☆   ☆ ☆ ☆ ☆ ☆

Gesamt
☆ ☆ ☆ ☆ ☆

••

••

••

••

••

••

Notizen

Tour | Ziel ....

Datum	**Fahrzeit** ....
Gesamtdauer	**Pausenzeit** ....

Startpunkt ....

Zielpunkt ....

Distanz	**Getankte Liter** ....

Begleiter ....

....

....

Wetter

☀ ⛅ ☁ ☁ 🌧 🌨 🌡 °C

○ ○ ○ ○ ○ ○ .....

Etappen | Wegbeschreibung

Rast | Spannende Stopps | Unterkunft

Bewertung

Schwierigkeit	Spaßfaktor	
☆☆☆☆☆	☆☆☆☆☆	**Gesamt**
Landschaft	Verkehr	☆☆☆☆☆
☆☆☆☆☆	☆☆☆☆☆	

◆◆

◆◆

◆◆

◆◆

◆◆

◆◆

Notizen

Tour 5 — Tour | Ziel ....

Datum	**Fahrzeit** ....
Gesamtdauer	**Pausenzeit** ....

Startpunkt ....

Zielpunkt ....

Distanz	**Getankte Liter** ....

Begleiter ....
....
....

Wetter

☀ ⛅ ☁ ☁ 🌧 🌨 🌡°C
○   ○   ○   ○   ○   ○ .....

Etappen | Wegbeschreibung

Rast | Spannende Stopps | Unterkunft

Bewertung

Schwierigkeit
☆☆☆☆☆

Spaßfaktor
☆☆☆☆☆

Landschaft
☆☆☆☆☆

Verkehr
☆☆☆☆☆

Gesamt
☆☆☆☆☆

•••

•••

•••

•••

•••

•••

Notizen

Tour | Ziel ....

Datum	**Fahrzeit** ....
Gesamtdauer	**Pausenzeit** ....

Startpunkt ....

Zielpunkt ....

Distanz	**Getankte Liter** ....

Begleiter ....

....

....

Wetter

☀ ⛅ ☁ 🌥 🌧 🌨 🌡°C
○   ○   ○   ○   ○   ○ .....

Etappen | Wegbeschreibung

Rast | Spannende Stopps | Unterkunft

Bewertung

Schwierigkeit
☆☆☆☆☆

Spaßfaktor
☆☆☆☆☆

Landschaft
☆☆☆☆☆

Verkehr
☆☆☆☆☆

Gesamt
☆☆☆☆☆

◆ • ◆

◆ • ◆

◆ • ◆

◆ • ◆

◆ • ◆

◆ • ◆

Notizen

Tour | Ziel

Datum	**Fahrzeit** ....
Gesamtdauer	**Pausenzeit** ....

Startpunkt ....

Zielpunkt ....

Distanz	**Getankte Liter** ....

Begleiter ....
....
....

Wetter

☀ 🌤 ☁ ⛅ 🌧 🌨 | °C

○   ○   ○   ○   ○   ○   .....

Etappen | Wegbeschreibung

Rast | Spannende Stopps | Unterkunft

Bewertung

Schwierigkeit
☆☆☆☆☆

Spaßfaktor
☆☆☆☆☆

Gesamt
☆☆☆☆☆

Landschaft
☆☆☆☆☆

Verkehr
☆☆☆☆☆

••

••

••

••

••

••

Notizen

Tour 8 — Tour | Ziel ....

Datum	**Fahrzeit** ....
Gesamtdauer	**Pausenzeit** ....

Startpunkt ....

Zielpunkt ....

Distanz	**Getankte Liter** ....

Begleiter ....
....
....

Wetter

☀ ⛅ ☁ 🌥 🌧 🌨 🌡 °C

○   ○   ○   ○   ○   ○   .....

Etappen | Wegbeschreibung

Rast | Spannende Stopps | Unterkunft

Bewertung

Schwierigkeit
☆ ☆ ☆ ☆ ☆

Spaßfaktor
☆ ☆ ☆ ☆ ☆

Landschaft
☆ ☆ ☆ ☆ ☆

Verkehr
☆ ☆ ☆ ☆ ☆

Gesamt
☆ ☆ ☆ ☆ ☆

•••

•••

•••

•••

•••

•••

Notizen

Tour | Ziel ....

Datum	**Fahrzeit** ....
Gesamtdauer	**Pausenzeit** ....

Startpunkt ....

Zielpunkt ....

Distanz	**Getankte Liter** ....

Begleiter ....
....
....

Wetter

☀ ⛅ ☁ 🌥 🌧 🌨 🌡°C

○ ○ ○ ○ ○ ○ .....

Etappen | Wegbeschreibung

Rast | Spannende Stopps | Unterkunft

Bewertung

Schwierigkeit	Spaßfaktor	
☆☆☆☆☆	☆☆☆☆☆	**Gesamt** ☆☆☆☆☆
Landschaft	Verkehr	
☆☆☆☆☆	☆☆☆☆☆	

••

••

••

••

••

••

Notizen

Tour | Ziel ....

Datum ....

Fahrzeit ....

Gesamtdauer ....

Pausenzeit ....

Startpunkt ....

Zielpunkt ....

Distanz ....

Getankte Liter ....

Begleiter ....

....

....

Wetter

○   ○   ○   ○   ○   .....

Etappen | Wegbeschreibung

Rast | Spannende Stopps | Unterkunft

Bewertung

Schwierigkeit
☆ ☆ ☆ ☆ ☆

Spaßfaktor
☆ ☆ ☆ ☆ ☆

Landschaft
☆ ☆ ☆ ☆ ☆

Verkehr
☆ ☆ ☆ ☆ ☆

Gesamt
☆ ☆ ☆ ☆ ☆

◆◆◆

◆◆◆

◆◆◆

◆◆◆

◆◆◆

◆◆◆

Notizen

Tour | Ziel ....

Datum	**Fahrzeit** ....
Gesamtdauer	**Pausenzeit** ....

Startpunkt ....

Zielpunkt ....

Distanz	**Getankte Liter** ....

Begleiter ....
....
....

Wetter

☀ ⛅ ☁ ☁ 🌧 🌨 🌡 °C
○   ○   ○   ○   ○   ○   .....

Etappen | Wegbeschreibung

Rast | Spannende Stopps | Unterkunft

Bewertung

Schwierigkeit	Spaßfaktor
☆☆☆☆☆	☆☆☆☆☆

Gesamt
☆☆☆☆☆

Landschaft	Verkehr
☆☆☆☆☆	☆☆☆☆☆

Landschaft | Sehenswürdigkeiten | Erlebnisse

◆ • ◆

◆ • ◆

◆ • ◆

◆ • ◆

◆ • ◆

◆ • ◆

Notizen

Tour | Ziel ....

Datum	**Fahrzeit** ....
Gesamtdauer	**Pausenzeit** ....

Startpunkt ....

Zielpunkt ....

Distanz	**Getankte Liter** ....

Begleiter ....
....
....

Wetter
☀ ⛅ ☁ 🌥 🌧 🌨 🌡 °C
○　○　○　○　○　○　.....

Etappen | Wegbeschreibung

Rast | Spannende Stopps | Unterkunft

Bewertung

Schwierigkeit
☆ ☆ ☆ ☆ ☆

Spaßfaktor
☆ ☆ ☆ ☆ ☆

Landschaft
☆ ☆ ☆ ☆ ☆

Verkehr
☆ ☆ ☆ ☆ ☆

Gesamt
☆ ☆ ☆ ☆ ☆

• •

• •

• •

• •

• •

• •

Notizen

Tour | Ziel ....

Datum	**Fahrzeit** ....
Gesamtdauer	**Pausenzeit** ....

Startpunkt ....

Zielpunkt ....

Distanz	**Getankte Liter** ....

Begleiter ....
....
....

Wetter

○   ○   ○   ○   ○   ○   .....

Etappen | Wegbeschreibung

Rast | Spannende Stopps | Unterkunft

Bewertung

Schwierigkeit	Spaßfaktor
☆☆☆☆☆	☆☆☆☆☆

Gesamt
☆☆☆☆☆

Landschaft	Verkehr
☆☆☆☆☆	☆☆☆☆☆

◆◆

◆◆

◆◆

◆◆

◆◆

◆◆

Notizen

Tour 14 — Tour | Ziel ....

Datum .... **Fahrzeit** ....

Gesamtdauer .... **Pausenzeit** ....

Startpunkt ....

Zielpunkt ....

Distanz .... **Getankte Liter** ....

Begleiter ....
....
....

Wetter

☀ ⛅ ☁ 🌥 🌧 🌨 🌡°C

○   ○   ○   ○   ○   ○ .....

Etappen | Wegbeschreibung

Rast | Spannende Stopps | Unterkunft

Bewertung

Schwierigkeit
☆☆☆☆☆

Spaßfaktor
☆☆☆☆☆

Gesamt
☆☆☆☆☆

Landschaft
☆☆☆☆☆

Verkehr
☆☆☆☆☆

....

....

....

....

....

....

Notizen

Tour | Ziel ....

Datum	**Fahrzeit** ....
Gesamtdauer	**Pausenzeit** ....

Startpunkt ....

Zielpunkt ....

Distanz	**Getankte Liter** ....

Begleiter ....
....
....

Wetter

☀ ⛅ ☁ 🌥 🌧 🌨 🌡 °C
○   ○   ○   ○   ○   ○   .....

Etappen | Wegbeschreibung

Rast | Spannende Stopps | Unterkunft

Bewertung

Schwierigkeit
☆ ☆ ☆ ☆ ☆

Spaßfaktor
☆ ☆ ☆ ☆ ☆

Landschaft
☆ ☆ ☆ ☆ ☆

Verkehr
☆ ☆ ☆ ☆ ☆

Gesamt
☆ ☆ ☆ ☆ ☆

Landschaft | Sehenswürdigkeiten | Erlebnisse

••

••

••

••

••

••

Notizen

Tour | Ziel ....

Datum	**Fahrzeit** ....
Gesamtdauer	**Pausenzeit** ....

Startpunkt ....

Zielpunkt ....

Distanz	**Getankte Liter** ....

Begleiter ....
....
....

Wetter

☀ ⛅ ☁ ☁ 🌧 🌨 🌡 °C
○　○　○　○　○　○　.....

Etappen | Wegbeschreibung

Rast | Spannende Stopps | Unterkunft

Bewertung

Schwierigkeit
☆☆☆☆☆

Spaßfaktor
☆☆☆☆☆

Gesamt
☆☆☆☆☆

Landschaft
☆☆☆☆☆

Verkehr
☆☆☆☆☆

••

••

••

••

••

••

Notizen

Tour | Ziel ....

Datum	**Fahrzeit** ....
Gesamtdauer	**Pausenzeit** ....

Startpunkt ....

Zielpunkt ....

Distanz	**Getankte Liter** ....

Begleiter ....

....

....

Wetter

☀ ⛅ ☁ 🌥 🌧 🌨 🌡 °C

○　○　○　○　○　○　.....

Etappen | Wegbeschreibung

Rast | Spannende Stopps | Unterkunft

Bewertung

Schwierigkeit

☆ ☆ ☆ ☆ ☆

Spaßfaktor

☆ ☆ ☆ ☆ ☆

Landschaft

☆ ☆ ☆ ☆ ☆

Verkehr

☆ ☆ ☆ ☆ ☆

Gesamt

☆ ☆ ☆ ☆ ☆

••

••

••

••

••

••

Notizen

Tour 18 — Tour | Ziel ....

Datum	Fahrzeit ....
Gesamtdauer	Pausenzeit ....

Startpunkt ....

Zielpunkt ....

Distanz	Getankte Liter ....

Begleiter ....
....
....

Wetter
☀ ⛅ ☁ 🌥 🌧 🌨 🌡°C
○   ○   ○   ○   ○   ○ .....

Etappen | Wegbeschreibung

Rast | Spannende Stopps | Unterkunft

Bewertung

Schwierigkeit
☆ ☆ ☆ ☆ ☆

Spaßfaktor
☆ ☆ ☆ ☆ ☆

Landschaft
☆ ☆ ☆ ☆ ☆

Verkehr
☆ ☆ ☆ ☆ ☆

Gesamt
☆ ☆ ☆ ☆

Landschaft | Sehenswürdigkeiten | Erlebnisse

• •

• •

• •

• •

• •

• •

Notizen

Tour | Ziel

....

Datum	**Fahrzeit** ....
Gesamtdauer	**Pausenzeit** ....

Startpunkt ....

Zielpunkt ....

Distanz	**Getankte Liter** ....

Begleiter ....

....

....

Wetter

☀ ⛅ ☁ ☁ 🌧 🌨 🌡°C

○   ○   ○   ○   ○   ○   .....

Etappen | Wegbeschreibung

Rast | Spannende Stopps | Unterkunft

Bewertung

Schwierigkeit
☆☆☆☆☆

Spaßfaktor
☆☆☆☆☆

Landschaft
☆☆☆☆☆

Verkehr
☆☆☆☆☆

Gesamt
☆☆☆☆☆

....

....

....

....

....

....

Notizen

Tour | Ziel ....

Datum	**Fahrzeit** ....
Gesamtdauer	**Pausenzeit** ....

Startpunkt ....

Zielpunkt ....

Distanz	**Getankte Liter** ....

Begleiter ....
....
....

Wetter

☀ ⛅ ☁ 🌥 🌧 🌨 🌡°C
○ ○ ○ ○ ○ ○ ......

Etappen | Wegbeschreibung

Rast | Spannende Stopps | Unterkunft

Bewertung

Schwierigkeit	Spaßfaktor	
☆☆☆☆☆	☆☆☆☆☆	**Gesamt** ☆☆☆☆☆
Landschaft	Verkehr	
☆☆☆☆☆	☆☆☆☆☆	

Landschaft | Sehenswürdigkeiten | Erlebnisse

••

••

••

••

••

••

Notizen

Tour | Ziel ....

Datum .... **Fahrzeit** ....

Gesamtdauer .... **Pausenzeit** ....

Startpunkt ....

Zielpunkt ....

Distanz .... **Getankte Liter** ....

Begleiter ....

....

....

Wetter

☀ ⛅ ☁ ☁ 🌧 🌨 🌡°C .... ○ ○ ○ ○ ○ ○

Etappen | Wegbeschreibung

Rast | Spannende Stopps | Unterkunft

Bewertung

Schwierigkeit
☆ ☆ ☆ ☆ ☆

Spaßfaktor
☆ ☆ ☆ ☆ ☆

Landschaft
☆ ☆ ☆ ☆ ☆

Verkehr
☆ ☆ ☆ ☆ ☆

Gesamt
☆ ☆ ☆ ☆ ☆

••

••

••

••

••

••

Notizen

Tour 22 — Tour | Ziel

....

Datum	**Fahrzeit** ....
Gesamtdauer	**Pausenzeit** ....

Startpunkt ....

Zielpunkt ....

Distanz	**Getankte Liter** ....

Begleiter ....

....

....

Wetter

☀ ⛅ ☁ ☁ 🌧 🌨 🌡°C

○   ○   ○   ○   ○   .....

Etappen | Wegbeschreibung

Rast | Spannende Stopps | Unterkunft

Bewertung

Schwierigkeit
☆☆☆☆☆

Spaßfaktor
☆☆☆☆☆

Landschaft
☆☆☆☆☆

Verkehr
☆☆☆☆☆

Gesamt
☆☆☆☆☆

◆◆◆

◆◆◆

◆◆◆

◆◆◆

◆◆◆

◆◆◆

Notizen

Tour | Ziel ....

Datum	**Fahrzeit** ....
Gesamtdauer	**Pausenzeit** ....

Startpunkt ....

Zielpunkt ....

Distanz	**Getankte Liter** ....

Begleiter ....

....

....

Wetter

☀ ⛅ ☁ 🌥 🌧 🌨 🌡°C

○　○　○　○　○　○　.....

Etappen | Wegbeschreibung

Rast | Spannende Stopps | Unterkunft

Bewertung

Schwierigkeit	Spaßfaktor	
☆☆☆☆☆	☆☆☆☆☆	**Gesamt** ☆☆☆☆☆
Landschaft	Verkehr	
☆☆☆☆☆	☆☆☆☆☆	

◆◆

◆◆

◆◆

◆◆

◆◆

◆◆

Notizen

Tour | Ziel ....

Datum	**Fahrzeit** ....
Gesamtdauer	**Pausenzeit** ....

Startpunkt ....

Zielpunkt ....

Distanz	**Getankte Liter** ....

Begleiter ....

....

....

Wetter

☼ ⛅ ☁ ☁ 🌧 🌨 🌡°C

○ ○ ○ ○ ○ ○ .....

Etappen | Wegbeschreibung

Rast | Spannende Stopps | Unterkunft

Bewertung

Schwierigkeit
☆☆☆☆☆

Spaßfaktor
☆☆☆☆☆

Landschaft
☆☆☆☆☆

Verkehr
☆☆☆☆☆

Gesamt
☆☆☆☆☆

••

••

••

••

••

••

Notizen

Tour 25 — Tour | Ziel

Datum	**Fahrzeit** ....
Gesamtdauer	**Pausenzeit** ....

Startpunkt ....

Zielpunkt ....

Distanz	**Getankte Liter** ....

Begleiter ....
....
....

Wetter

☀ ⛅ ☁ 🌥 🌧 🌨 🌡°C

○   ○   ○   ○   ○   ○   .....

Etappen | Wegbeschreibung

Rast | Spannende Stopps | Unterkunft

Bewertung

Schwierigkeit
☆☆☆☆☆

Spaßfaktor
☆☆☆☆☆

Landschaft
☆☆☆☆☆

Verkehr
☆☆☆☆☆

Gesamt
☆☆☆☆☆

◆◆

◆◆

◆◆

◆◆

◆◆

◆◆

Notizen

Tour | Ziel ....

Datum	**Fahrzeit** ....
Gesamtdauer	**Pausenzeit** ....

Startpunkt ....

Zielpunkt ....

Distanz	**Getankte Liter** ....

Begleiter ....
....
....

Wetter

☀ ⛅ ☁ 🌥 🌧 🌨 °C
○ ○ ○ ○ ○ ○ .....

Etappen | Wegbeschreibung

Rast | Spannende Stopps | Unterkunft

Bewertung

Schwierigkeit
☆☆☆☆☆

Spaßfaktor
☆☆☆☆☆

Landschaft
☆☆☆☆☆

Verkehr
☆☆☆☆☆

Gesamt
☆☆☆☆☆

Landschaft | Sehenswürdigkeiten | Erlebnisse

••

••

••

••

••

••

Notizen

Tour 27

Tour | Ziel ....

Datum	**Fahrzeit** ....
Gesamtdauer	**Pausenzeit** ....

Startpunkt ....

Zielpunkt ....

Distanz	**Getankte Liter** ....

Begleiter ....
....
....

Wetter
☀ ⛅ ☁ 🌥 🌧 🌨 🌡°C
○ ○ ○ ○ ○ ○ .....

Etappen | Wegbeschreibung

Rast | Spannende Stopps | Unterkunft

Bewertung

Schwierigkeit
☆☆☆☆☆

Spaßfaktor
☆☆☆☆☆

Landschaft
☆☆☆☆☆

Verkehr
☆☆☆☆☆

Gesamt
☆☆☆☆☆

•••

•••

•••

•••

•••

•••

Notizen

Tour | Ziel ....

Datum .... **Fahrzeit** ....

Gesamtdauer .... **Pausenzeit** ....

Startpunkt ....

Zielpunkt ....

Distanz .... **Getankte Liter** ....

Begleiter ....

....

....

Wetter

°C

○　　○　　○　　○　　○ .....

Etappen | Wegbeschreibung

Rast | Spannende Stopps | Unterkunft

Bewertung

Schwierigkeit　　　　**Spaßfaktor**

☆☆☆☆☆　　☆☆☆☆☆

Gesamt

☆☆☆☆☆

Landschaft　　　　**Verkehr**

☆☆☆☆☆　　☆☆☆☆☆

••

••

••

••

••

••

Notizen

Tour | Ziel ....

Datum	**Fahrzeit** ....
Gesamtdauer	**Pausenzeit** ....

Startpunkt ....

Zielpunkt ....

Distanz	**Getankte Liter** ....

Begleiter ....
....
....

Wetter

☀ ⛅ ☁ 🌥 🌧 🌨 🌡°C
○   ○   ○   ○   ○   ○   .....

Etappen | Wegbeschreibung

Rast | Spannende Stopps | Unterkunft

Bewertung

Schwierigkeit
☆☆☆☆☆

Spaßfaktor
☆☆☆☆☆

Landschaft
☆☆☆☆☆

Verkehr
☆☆☆☆☆

Gesamt
☆☆☆☆☆

••

••

••

••

••

••

Notizen

Tour | Ziel ....

Datum ....   **Fahrzeit** ....

Gesamtdauer ....   **Pausenzeit** ....

Startpunkt ....

Zielpunkt ....

Distanz ....   **Getankte Liter** ....

Begleiter ....

....

....

Wetter

☀ ⛅ ☁ 🌥 🌧 🌨 🌡°C ○ ○ ○ ○ ○ ○ .....

Etappen | Wegbeschreibung

Rast | Spannende Stopps | Unterkunft

Bewertung

Schwierigkeit
☆☆☆☆☆

Spaßfaktor
☆☆☆☆☆

Landschaft
☆☆☆☆☆

Verkehr
☆☆☆☆☆

Gesamt
☆☆☆☆☆

Landschaft | Sehenswürdigkeiten | Erlebnisse

....

....

....

....

....

....

Notizen

Tour | Ziel ....

Datum	**Fahrzeit** ....
Gesamtdauer	**Pausenzeit** ....

Startpunkt ....

Zielpunkt ....

Distanz	**Getankte Liter** ....

Begleiter ....
....
....

Wetter

☀ ⛅ ☁ 🌥 🌧 🌨 🌡°C
○ ○ ○ ○ ○ .....

Etappen | Wegbeschreibung

Rast | Spannende Stopps | Unterkunft

Bewertung

Schwierigkeit
☆☆☆☆☆

Spaßfaktor
☆☆☆☆☆

Landschaft
☆☆☆☆☆

Verkehr
☆☆☆☆☆

Gesamt
☆☆☆☆☆

◆◆◆

◆◆◆

◆◆◆

◆◆◆

◆◆◆

Notizen

Tour | Ziel ....

Tour 32

Datum	**Fahrzeit** ....
Gesamtdauer	**Pausenzeit** ....

Startpunkt ....

Zielpunkt ....

Distanz	**Getankte Liter** ....

Begleiter ....
....
....

Wetter
☀ ⛅ ☁ ⛅ 🌧 🌨 🌡°C
○ ○ ○ ○ ○ ○ .....

Etappen | Wegbeschreibung

Rast | Spannende Stopps | Unterkunft

Bewertung

Schwierigkeit
☆☆☆☆☆

Spaßfaktor
☆☆☆☆☆

Landschaft
☆☆☆☆☆

Verkehr
☆☆☆☆☆

Gesamt
☆☆☆☆☆

· ·

· ·

· ·

· ·

· ·

· ·

Notizen

Tour | Ziel ....

Datum	Fahrzeit ....
Gesamtdauer	Pausenzeit ....

Startpunkt ....

Zielpunkt ....

Distanz	Getankte Liter ....

Begleiter ....

....

....

Wetter

☀ ⛅ ☁ ☁ 🌧 🌨 🌡°C

○ ○ ○ ○ ○ ○ .....

Etappen | Wegbeschreibung

Rast | Spannende Stopps | Unterkunft

Bewertung

Schwierigkeit

☆☆☆☆☆

Spaßfaktor

☆☆☆☆☆

Landschaft

☆☆☆☆☆

Verkehr

☆☆☆☆☆

Gesamt

☆☆☆☆☆

•••

•••

•••

•••

•••

•••

Notizen

Tour | Ziel ....

Datum	**Fahrzeit** ....
Gesamtdauer	**Pausenzeit** ....

Startpunkt ....

Zielpunkt ....

Distanz	**Getankte Liter** ....

Begleiter ....
....
....

Wetter

☼ ⛅ ☁ ☁ 🌧 🌨 🌡°C
○   ○   ○   ○   ○   ○ .....

Etappen | Wegbeschreibung

Rast | Spannende Stopps | Unterkunft

Bewertung

Schwierigkeit	Spaßfaktor	
☆☆☆☆☆	☆☆☆☆☆	**Gesamt**
Landschaft	Verkehr	☆☆☆☆☆
☆☆☆☆☆	☆☆☆☆☆	

◆◆◆

◆◆◆

◆◆◆

◆◆◆

◆◆◆

◆◆◆

Notizen

Tour | Ziel ....

Datum	**Fahrzeit** ....
Gesamtdauer	**Pausenzeit** ....

Startpunkt ....

Zielpunkt ....

Distanz	**Getankte Liter** ....

Begleiter ....
....
....

Wetter

☀ ⛅ ☁ ☁ 🌧 🌨 🌡°C
○ ○ ○ ○ ○ ○ .....

Etappen | Wegbeschreibung

Rast | Spannende Stopps | Unterkunft

Bewertung

Schwierigkeit
☆☆☆☆☆

Spaßfaktor
☆☆☆☆☆

Landschaft
☆☆☆☆☆

Verkehr
☆☆☆☆☆

Gesamt
☆☆☆☆☆

◆•◆

◆•◆

◆•◆

◆•◆

◆•◆

◆•◆

Notizen

Tour | Ziel ....

Datum	**Fahrzeit** ....
Gesamtdauer	**Pausenzeit** ....

Startpunkt ....

Zielpunkt ....

Distanz	**Getankte Liter** ....

Begleiter ....
....
....

Wetter
☀ ⛅ ☁ 🌥 🌧 🌨 🌡 °C
○ ○ ○ ○ ○ ○ .....

Etappen | Wegbeschreibung

Rast | Spannende Stopps | Unterkunft

Bewertung

Schwierigkeit
☆ ☆ ☆ ☆ ☆

Spaßfaktor
☆ ☆ ☆ ☆ ☆

Landschaft
☆ ☆ ☆ ☆ ☆

Verkehr
☆ ☆ ☆ ☆ ☆

Gesamt
☆ ☆ ☆ ☆ ☆

◆ •

◆ • ◆

◆ •

◆ •

◆ •

◆ •

Notizen

Tour 37 — Tour | Ziel

Datum .... **Fahrzeit** ....

Gesamtdauer .... **Pausenzeit** ....

Startpunkt ....

Zielpunkt ....

Distanz .... **Getankte Liter** ....

Begleiter ....

....

....

Wetter

☀ ⛅ ☁ 🌥 🌧 🌨 °C ...

○ ○ ○ ○ ○ ○

Etappen | Wegbeschreibung

Rast | Spannende Stopps | Unterkunft

Bewertung

Schwierigkeit
☆ ☆ ☆ ☆ ☆

Spaßfaktor
☆ ☆ ☆ ☆ ☆

Landschaft
☆ ☆ ☆ ☆ ☆

Verkehr
☆ ☆ ☆ ☆ ☆

Gesamt
☆ ☆ ☆ ☆ ☆

••

••

••

••

••

••

Notizen

Tour | Ziel ....

Datum	**Fahrzeit** ....
Gesamtdauer	**Pausenzeit** ....

Startpunkt ....

Zielpunkt ....

Distanz	**Getankte Liter** ....

Begleiter ....
....
....

Wetter

☼ ⛅ ☁ 🌥 🌧 🌨 °C 🌡 .....

○   ○   ○   ○   ○   ○

Etappen | Wegbeschreibung

Rast | Spannende Stopps | Unterkunft

Bewertung

Schwierigkeit
☆☆☆☆☆

Spaßfaktor
☆☆☆☆☆

Landschaft
☆☆☆☆☆

Verkehr
☆☆☆☆☆

Gesamt
☆☆☆☆☆

Notizen

Tour | Ziel ....

Datum	**Fahrzeit** ....
Gesamtdauer	**Pausenzeit** ....

Startpunkt ....

Zielpunkt ....

Distanz	**Getankte Liter** ....

Begleiter ....
....
....

Wetter
☀ 🌤 ☁ ⛅ 🌧 🌨 🌡 °C
○ ○ ○ ○ ○ ○ .....

Etappen | Wegbeschreibung

Rast | Spannende Stopps | Unterkunft

Bewertung

Schwierigkeit
☆ ☆ ☆ ☆ ☆

Spaßfaktor
☆ ☆ ☆ ☆ ☆

Landschaft
☆ ☆ ☆ ☆ ☆

Verkehr
☆ ☆ ☆ ☆ ☆

Gesamt
☆ ☆ ☆ ☆ ☆

••

••

••

••

••

••

Notizen

Tour | Ziel

....

Datum	Fahrzeit ....
Gesamtdauer	Pausenzeit ....

Startpunkt ....

Zielpunkt ....

Distanz	Getankte Liter ....

Begleiter	Wetter
....	☀ ⛅ ☁ 🌥 🌧 🌨 🌡°C
....	○ ○ ○ ○ ○ ○ ....

Etappen | Wegbeschreibung

Rast | Spannende Stopps | Unterkunft

Bewertung

Schwierigkeit ☆☆☆☆☆   Spaßfaktor ☆☆☆☆☆

Landschaft ☆☆☆☆☆   Verkehr ☆☆☆☆☆

Gesamt ☆☆☆☆☆

•••

•••

•••

•••

•••

•••

Notizen

Tour | Ziel ....

Datum	**Fahrzeit** ....
Gesamtdauer	**Pausenzeit** ....

Startpunkt ....

Zielpunkt ....

Distanz	**Getankte Liter** ....

Begleiter ....
....
....

Wetter

☀ ⛅ ☁ 🌥 🌧 🌨 🌡°C
○ ○ ○ ○ ○ ○ .....

Etappen | Wegbeschreibung

Rast | Spannende Stopps | Unterkunft

Bewertung

Schwierigkeit
☆☆☆☆☆

Spaßfaktor
☆☆☆☆☆

Gesamt
☆☆☆☆☆

Landschaft
☆☆☆☆☆

Verkehr
☆☆☆☆☆

• •

• •

• •

• •

• •

• •

Notizen

Tour | Ziel ....

Datum	**Fahrzeit** ....
Gesamtdauer	**Pausenzeit** ....

Startpunkt ....

Zielpunkt ....

Distanz	**Getankte Liter** ....

Begleiter ....

....

....

Wetter

☀ ⛅ ☁ ☁ 🌧 🌨 🌡 °C
○　○　○　○　○　○　.....

Etappen | Wegbeschreibung

Rast | Spannende Stopps | Unterkunft

Bewertung

Schwierigkeit
☆☆☆☆☆

Spaßfaktor
☆☆☆☆☆

Landschaft
☆☆☆☆☆

Verkehr
☆☆☆☆☆

Gesamt
☆☆☆☆☆

Landschaft | Sehenswürdigkeiten | Erlebnisse

◆◆◆

◆◆◆

◆◆◆

◆◆◆

◆◆◆

◆◆◆

Notizen

Tour | Ziel ....

Datum .... **Fahrzeit** ....

Gesamtdauer .... **Pausenzeit** ....

Startpunkt ....

Zielpunkt ....

Distanz .... **Getankte Liter** ....

Begleiter ....

....

....

Wetter

☀ ⛅ ☁ 🌥 🌧 🌨 🌡°C

○   ○   ○   ○   ○   ○ .....

Etappen | Wegbeschreibung

Rast | Spannende Stopps | Unterkunft

Bewertung

Schwierigkeit
☆☆☆☆☆

Spaßfaktor
☆☆☆☆☆

Landschaft
☆☆☆☆☆

Verkehr
☆☆☆☆☆

Gesamt
☆☆☆☆☆

• •

• •

• •

• •

• •

• •

Notizen

Tour | Ziel ....

| Datum .... | Fahrzeit .... |
| Gesamtdauer .... | Pausenzeit .... |

Startpunkt ....

Zielpunkt ....

Distanz .... Getankte Liter ....

Begleiter ....

....

....

Wetter

☀ ⛅ ☁ ⛅ 🌧 🌨 🌡 °C

○ ○ ○ ○ ○ ○ .....

Etappen | Wegbeschreibung

Rast | Spannende Stopps | Unterkunft

Bewertung

Schwierigkeit
☆☆☆☆☆

Spaßfaktor
☆☆☆☆☆

Gesamt
☆☆☆☆☆

Landschaft
☆☆☆☆☆

Verkehr
☆☆☆☆☆

••

••

••

••

••

••

Notizen

Tour 45 — Tour | Ziel ....

Datum ....
Fahrzeit ....

Gesamtdauer ....
Pausenzeit ....

Startpunkt ....

Zielpunkt ....

Distanz ....
Getankte Liter ....

Begleiter ....
....
....

Wetter
☀ ⛅ ☁ ☁ 🌧 ❄ 🌡°C
○ ○ ○ ○ ○ ○ ....

Etappen | Wegbeschreibung

Rast | Spannende Stopps | Unterkunft

Bewertung

Schwierigkeit
☆ ☆ ☆ ☆ ☆

Spaßfaktor
☆ ☆ ☆ ☆ ☆

Landschaft
☆ ☆ ☆ ☆ ☆

Verkehr
☆ ☆ ☆ ☆ ☆

Gesamt
☆ ☆ ☆ ☆ ☆

••

••

••

••

••

••

Notizen

Notizen

Notizen

Notizen

Notizen

Herstellung und Verlag:
BoD – Books on Demand, Norderstedt
ISBN: 9783755712435

Impressum:
Z. Wolle
Christian Zengerling
Bahnhof 14
06420 Könnern
Deutschland